ÉLOGE

FUNÈBRE

DE

NAPOLÉON,

PAR

Jʰ CRESP.

Prix : **50** cent.

SE VEND :

A PARIS, LYON,

DANS TOUTES LES VILLES DE FRANCE,

ET A LA CROIX-ROUSSE,

A L'IMPRIMERIE DE TH. LÉPAGNEZ, GRANDE-RUE, 42.

—

1840.

ÉLOGE FUNÈBRE

DE

NAPOLÉON.

———⊰⊱———

Peuples de la terre, accourez et prosternez-vous autour de ce cercueil, il renferme les restes mortels de *Napoléon*. Ce nom, comme celui de Dieu, n'a pas besoin de commentaires; il parle à tous les yeux, à toutes les oreilles, à tous les cœurs.

S'il fût apparu dans les siècles reculés, cet homme dont le génie lumineux et bienfaisant brilla sur la terre de tant de gloire et de splendeur, on l'eût regardé comme un être envoyé du ciel, et son image serait peut-être devenue l'objet d'un culte public dans nos temples sacrés, comme il l'est dans nos palais et nos chaumières.

Pour se bien pénétrer de cette vérité, déroulons rapidement le magnifique tableau des actions glorieuses dont fut semée la vie immense de cet enfant du peuple qui, parvenu au faîte des grandeurs et de la toute-puissance

par le seul ascendant de ses vertus et de son héroïsme,
est précipité de son trône, indignement outragé, séparé
de ses amis, de sa femme, de son fils, et va mourir dans
l'exil, sur un rocher, à trois mille lieues de sa patrie,
poursuivi par la haine des rois qui ne lui pardonnèrent
jamais ses triomphes et son élévation.

Ah! puissent-ils ces rois si vains de leur naissance se
repentir à temps, pour qu'à l'heure de leur mort, Dieu,
dans sa miséricorde, leur pardonne d'avoir méconnu dans
Napoléon, l'homme de la Providence envoyé par elle
pour châtier leur orgueil, pour sauver la France et
affranchir les peuples.

Suivons les événements de ce grand drame politique,
et voyons quelle fut la pensée réelle de *Napoléon* dans
tous les actes importants de son règne.

A peine a-t-il atteint l'âge de l'adolescence, que la tem-
pête révolutionnaire gronde et éclate sur tous les points
de la France. Jeté dans ses armées républicaines avec le
simple grade d'officier, c'est au milieu des guerres et des
désordres sanglants qui la désolent, que commence pour
lui cette vaste carrière de combats et de succès, et cette
puissance formidable qu'il portera ensuite si rapidement
d'un pôle à l'autre.

Lieutenant d'artillerie au siége de Toulon, il sauve
cette ville par un trait inouï d'audace et de génie. Là,
commence aussi cette puissante renommée qui ne périra
qu'avec le monde.

Nouvel Annibal, il franchit les Alpes. Avec une troupe de soldats démoralisée par la fatigue et les privations, et dont lui seul a le pouvoir de ranimer le courage, il détruit cinq armées ennemies en moins de six mois, s'empare de l'Italie et lui impose un gouvernement. Là, rejetant les ordres insensés du Directoire, avec le même mépris qu'il a rejeté ses plans de campagne, il se montre, dans cette circonstance difficile, politique aussi profond, administrateur aussi habile qu'il s'était montré grand capitaine.

L'Europe attentive vient de deviner *Napoléon* dans le général *Bonaparte*.

Nouveau Moïse, il porte ses lois et ses institutions en Asie. Lui seul connaît sa pensée. Avec son armée toujours victorieuse, il traverse les déserts brûlants de l'Egypte. L'Arabe épouvanté, fuyant devant lui, va porter la nouvelle aux régions les plus lointaines que, *du haut des Pyramides, quarante siècles ont contemplé l'audace, la valeur et le génie du héros français.*

Après tant d'exploits glorieux dont un seul eût suffi pour rendre un homme immortel, *Napoléon* jette un regard pensif sur la France. Devinant, par une de ces inspirations subites familières à son génie, que la patrie expirante sous le joug honteux d'un gouvernement inhabile et sans énergie, a besoin de son bras, il fixe un moment son étoile. La voyant plus brillante que jamais, il s'élance sur les flots; et poussé par le souffle impétueux des vents qui le protègent, il aborde sur les côtes de France où il apparaît comme un autre Messie.

Frappées d'étonnement à la nouvelle de ce retour aussi miraculeux qu'inattendu, les populations, délirantes de joie et d'amour, se précipitent sur son passage, pour contempler le jeune héros qui résume toutes leurs espérances, et lui servent de cortége triomphal jusqu'à Paris, où son arrivée excite les mêmes transports de joie et d'admiration.

Sans perdre un moment, il brise le pouvoir tombé dans les mains débiles de cinq directeurs, et s'en empare. Il terrasse l'anarchie, étouffe l'hydre révolutionnaire, relève nos autels, ramène l'ordre dans les finances, crée une administration forte et solide, réorganise une armée formidable, franchit une seconde fois les Alpes, livre encore des batailles, des assauts et reprend l'Italie. Le front ceint des lauriers de Marengo, chargé de toutes les dépouilles glorieuses de la patrie des arts, il revient à Paris, et en enrichit la France.

Avide de tous les genres de gloire qui peuvent ajouter à son illustration, il appelle autour de lui les savants, les artistes, dote la nation de monuments, de routes, fait creuser des ports, des canaux, construire une flotte; prépare une descente en Angleterre; et au milieu de tant de travaux gigantesques, il institue le Code civil, monument impérissable de son génie et de sa profonde sollicitude pour les peuples. C'est ainsi qu'à force de courage, d'ac tivité et de vertus héroïques, il rachète en moins de cinq ans les fautes sanglantes de notre révolution.

Etonnée de tant de prodiges et de valeur, la France, dans son admiration, le couronne Empereur et Roi, et lui donne pour se reposer le plus beau trône de l'univers. Du haut de ce trône où il apparaît brillant comme le soleil, il dicte pendant quinze années ses volontés à l'Europe, rabaisse l'arrogance des rois, protége les peuples, et salue la France du nom glorieux de GRANDE NATION.

Jaloux de tant de grandeur et de tant de puissance, les rois du Continent se liguent contre lui pour l'abattre. Trop faibles encore, quoique réunis, pour espérer de vaincre par la force des armes celui dont le coup d'œil est toujours prompt et décisif, ils ont recours à l'infamie et à la trahison.

Napoléon averti, mais trop tard, de ces menées perfides qui compromettent sa couronne et le bonheur de la France, veut en finir sur le champ et une fois pour toutes, avec ces rois dont l'ingratitude et la lâcheté le remplissent de mépris et d'indignation. Impatient de punir tant d'audace criminelle, il lance de toutes parts ses aigles foudroyantes, se jette à l'improviste, avec les faibles débris de ses troupes, dans le pêle-mêle de cette série de batailles et de combats, où il oppose aux armées innombrables de ses ennemis toutes les prodigieuses richesses de son immense génie militaire qui, sur tous les points, lui fait ressaisir la victoire que la fureur seule des éléments lui avait disputée. Mais cerné par la trahison qui le presse de toutes parts, il finit par succomber, malgré tant d'efforts héroïques et de victoires éclatantes. C'est que Dieu qui l'aimait voulut qu'il ne manquât rien à sa gloire, pas même le malheur !

Précipité du trône, abreuvé d'insultes, indignement calomnié, séparé de ses plus chères, de ses plus tendres affections, il est condamné à un exil perpétuel, et envoyé sur le rocher brûlant de Ste-Hélène par ces mêmes rois auxquels il avait si généreusement pardonné quand il les tenait en sa puissance. Là, dépouillé des pompes royales, sous la garde d'un geôlier hideux aussi lâche que le tribunal de rois qui l'a condamné, il supporte, pendant six années, les outrages de ses implacables ennemis, avec un courage et une résignation divine qui le grandissent de toute sa hauteur aux yeux de l'univers. Le corps usé par la pensée et les souffrances, il meurt enfin sur ce rocher, comme le Sauveur du monde mourut sur le Calvaire, sans se plaindre, sans murmurer, et le pardon sur les lèvres !.. et *Napoléon* n'était qu'un mortel !!..

Le jour de sa mort fut un jour de deuil universel pour les peuples; les rois seuls se réjouirent. C'est que les rois et les peuples avaient deviné chez *Napoléon* une sublime arrière-pensée, la liberté universelle; oui la liberté universelle! Ce fut là sa pensée dominante. Mais il voulait que cette liberté devînt digne des peuples, comme les peuples dignes d'elle; que son front fût pur comme le jour;

que le piédestal qu'il lui destinait fût éblouissant de grandeur et de majesté, et non couvert de crimes et de sang comme l'arbre de la liberté au dix-huit brumaire. Cet arbre, à ses yeux, ne pouvant plus produire que de mauvais fruits, *Napoléon* le renversa, et il fit bien; plus tard, s'il en avait eu le temps, il l'aurait replanté lui-même, lavé de toutes souillures, dans le vaste champ de sa gloire et de ses lauriers. Là, grandissant au milieu de tant de hauts faits et à l'abri des tourmentes révolutionnaires, il eût un jour menacé de sa tête orgueilleuse tous les rois de la terre, et eût souri à tous les peuples.

Interrogeons ici des faits qui parleront assez haut. Que l'on examine l'esprit et la lettre de la loi des élections à l'époque du consulat à vie; que l'on se souvienne que c'est à *Napoléon* que la France doit ses plus larges institutions démocratiques, institutions qui devaient bientôt s'étendre comme un immense réseau sur l'univers entier, et y pousser des racines impérissables, et l'on se convaincra que *Napoléon* avait un but sublime qu'il a poursuivi sans relâche. Que l'on étudie enfin l'ensemble organique de tout ce qu'il a fait, de tout ce qu'il se proposait de faire, et l'on verra qu'il jeta les bases les plus solides de l'émancipation des peuples, et qu'il sut fonder l'alliance si difficile du principe de l'autorité et de celui de la liberté.

Mais pour arriver à l'exécution d'un si vaste projet, il fallait briser tous les obstacles qui s'y opposaient; il fallait qu'il soumît tout à sa volonté toujours guidée par ce génie d'avenir que nul autre ne possédait comme lui ; il lui fallait enfin quelques jours de plus et un royaume de moins sur la carte d'Europe. L'Angleterre le devina, et jura sa perte.

Eh! qui voudrait donc supposer que cette infatigable activité de corps et d'esprit qu'en toutes choses montra *Napoléon;* que cette fièvre ardente d'ambition qui le dévorait, et qui tenait sans cesse ce génie prodigieux comme en enfantement, que tout cela, dis-je, devait aboutir seulement à des vues d'intérêt personnel, ou être restreint à une localité! Autant vaudrait-il dire que ces milliers de mondes qui planent sur nos têtes, et dont l'harmonie mystérieuse épouvante notre imagination, n'ont été créés, par celui qui nous donna *Napoléon,* que dans l'intérêt de notre globe. Mais la France devait être pour les autres nations ce que l'immensité des cieux, avec ses millions de flambeaux, est pour la terre, un foyer constant de lumière qui devait enfin engendrer le bonheur et la liberté pour tous les peuples qui croupissent encore dans l'ignorance, la servitude et l'abrutissement.

Mais la France, pour accomplir cette haute et bienfaisante mission, avait besoin d'être l'arbitre souveraine des destinées du monde ; et *Napoléon,* le chef supérieur de son pays, avait, lui, besoin de devenir en quelque sorte *l'omniarque* du globe, s'il nous est permis d'employer cette expression. Il fallait effacer l'Angleterre, perpétuel obstacle, et la frapper au cœur. L'expédition d'Egypte fut conçue dans cette pensée. Mais le Directoire, ne voyant dans cette sublime conception qu'un moyen de se débarrasser de l'homme dont l'influence commençait à l'inquiéter sérieusement, l'abandonna lâchement à ses faibles ressources, et l'expédition, toute glorieuse qu'elle fut, se termina par l'avortement. Plus tard, nous voyons *Napoléon* forcer l'Europe à l'adoption de son système continental. La Russie, elle-même, retranchée dans ses neiges, faillit payer bien cher la violation du traité. Nous voyons encore *Napoléon* poursuivant toujours avec l'opiniâtreté du génie, son but favori, méditer la conquête d'Alger, et se faire tracer une route nouvelle pour aller porter l'effroi à l'Angleterre jusques dans ses possessions de l'extrême Orient.

Si, à son retour de l'île d'Elbe, *Napoléon* eût été ce qu'il fut toujours, l'homme des circonstances et des événements, nul doute qu'il ne fût parvenu à l'accomplissement de son grand œuvre politique. Mais à cette époque difficile, si décisive pour lui et les nations, il fallait qu'il se montrât à la France non en roi constitutionnel, mais en dictateur. La situation critique exigeait impérieusement cet excès de pouvoir suprême : par-là, les peuples auraient conservé l'espoir d'un meilleur avenir, la France aurait échappé à une seconde invasion; elle n'aurait pas eu à gémir pendant si longtemps sous le poids dégradant des humiliations de toutes sortes, et quinze ans plus tard, nous n'aurions pas eu la douleur de voir un général venir, du haut d'un balcon, proclamer au peuple français, que la monarchie qu'il lui présente est la meilleure des républiques.

Napoléon fit plus pour la France en quinze années de règne que ne fit une monarchie de huit siècles.

Pareil à l'astre bienfaisant qui ranime la nature, et lui donne au printemps une nouvelle vie, *Napoléon*, par le feu de sa pensée, de son regard et de sa parole, réchauffait autour de lui tout ce qui languissait, électrisait tout ce qui sommeillait, éclairait des flots de la lumière de son vaste génie tous les coins obscurs de l'administration, de la politique et même de la science. L'ardeur du soldat, l'amour des peuples, l'émulation des artistes, des savants, des législateurs, tout semblait renaître au souffle de ses divines inspirations.

Il y avait chez *Napoléon* deux hommes bien distincts : l'homme privé et l'homme politique.

Homme privé, il fut à l'égal de Louis XVI, le plus vertueux, le plus honnête et le meilleur des hommes. Il étendait sa sollicitude paternelle sur tout ce qui l'approchait. Il aima la France comme il aimait son fils, et du fond de son exil, il leur envoya sa dernière pensée et son dernier sourire.

Homme politique, il fit toujours tout pour le peuple et au nom du peuple; il ne fut despote que par nécessité, ambitieux que dans l'intérêt de la France et des nations, fier et orgueilleux que parce qu'il commandait aux Français. S'il commit des fautes, c'est qu'il était homme; s'il eût été parfait, il aurait habité les cieux.

Citoyens de toutes les nations, unissons-nous dans ce jour de deuil solennel, et pleurons sur le tombeau de l'homme que Dieu fit grand comme le monde : que ses cendres frémissent d'une sainte et douce joie au bruit des regrets et des larmes de tant de peuples divers rassemblés autour de son cercueil. Ce n'est plus sur le rocher aride et brûlant de Ste-Hélène qu'il faut aller porter notre douleur; c'est à Paris. Ses restes mortels nous sont rendus; ils vont être déposés sous le dôme doré des Invalides, au milieu des débris de ses vieux guerriers qui ébranlèrent un instant la voûte des cieux. Dieu, en permettant la translation de *ces cendres si chères* à la France, permet aussi notre affliction. Ne la comprimons point; laissons-la déborder comme un torrent, et qu'à la vue de tant d'amour, de regrets, de larmes et de douleur, les rois comprennent enfin que pour être aimé et regretté ainsi, il faut que, de leur vivant, ils aient à montrer aux yeux des peuples autre chose qu'une couronne sur la tête et qu'un sceptre à la main.

Héros dont l'ame fut sublime comme la pensée, qui fus grand dans la prospérité et encore plus grand dans le malheur, l'univers se prosterne et te salue!

Aujourd'hui, qu'une auréole divine t'environne de tout l'éclat de ses rayons, laisse tomber, du haut des cieux, un regard d'amour et de consolation sur la France désolée qui contemple avec orgueil ton front éblouissant où repose la couronne des dieux. Veille sur les destinées de cette France dont le dévoûment pour toi fut aussi grand que ton génie ; qu'elles deviennent sous ta protection divine, aussi glorieuses que le furent celles de l'empire français. Mais qu'à l'aspect de tant de gloire, de grandeur et de majesté suprême, tes ennemis humilient leur front ; que les traîtres qui t'ont lâchement vendu, soient dévorés de remords, et que les rois qui te condamnèrent si indignement à périr de misères sous le soleil brûlant des Tropiques, conservent, jusqu'au jugement dernier, le doute affreux de leur grâce ou de leur châtiment.

LA CROIX-ROUSSE. — IMPR. DE TH. LÉPAGNEZ, GRANDE-RUE, 12.